D1727565

CDU – Das schwarze Parteibuch

Lektorat: Evelyn Walther
Satz: DTP-Dompteuse
Druck und Bindung: Proost N.V., Turnhout, Belgien
1 2 3 4 5   02 01 00 99 98
Auflage   Jahr
(jeweils erste und letzte Zahl maßgeblich)

ISBN 3-8231-1555-3

CDU

Das schwarze Parteibuch

Von Harry Luck
mit Zeichnungen von Burkhard Mohr

TOMUS

In Dankbarkeit für
Helmut, Hannelore und Nobbi

Inhalt

Prolog im Himmel

Am Anfang schuf Gott Himmel und Erde. Das wissen wir. Wie er anschließend Pflanzen, Tiere und Menschen erfand, ist in einem anderen Bestseller beschrieben. Aber wie hat Gott den Politiker erschaffen? Zunächst mal erfand er die Liberalen. Doch als die wiederum so Sachen wie die Aufklärung erfanden und schließlich den Herrgott abschafften, mußte der sich etwas Neues einfallen lassen. Und so dachte er sich: „Vor mir sind alle Menschen gleich" – und schuf die Kommunisten. Doch was die dann wiederum machten, war auch nicht gerade im Sinne des Erfinders – die gemäßigte Version der Sozialdemokraten hatte auch noch ihre Fehler. Und zu guter Letzt gelang dem lieben Gott dann der ganz große Wurf: die Christdemokraten. Endlich hatte das Volk Gottes eine eigene Partei, eine Volkspartei – ganz im Sinne von Volkswagen, Volksempfänger, Volksmusik und Volkshochschule. Eine Partei für alle, eine Partei zum Liebhaben und ganz ohne Streit. Ganz ohne Streit? Nun ja, eigentlich dürfte es Zwistigkeiten in einer Vereinigung, die sich die christliche Nächstenliebe auf die Fahnen geschrieben hat, nicht geben. Und auch das „U" für Union strahlt so etwas Friedvolles aus. Ein „P" wie in den meisten anderen Parteinamen fehlt bei der CDU. P wie Partei. Parteien, so nennt man auch Gegner in einem Rechtsstreit. Parteien sind auch Mieter in einem Wohnhaus. Und mit denen hat man auch immer nur Ärger. Nein, so ein P brauchte die CDU nicht. P, das klingt hart wie Panzerfaust, Polyvinylchlorid oder Promiskuität. U hingegen klingt weich und lieblich wie Urlaub, Usambaraveilchen oder Umsatzsteuerrückvergütung.

Gott gab der Partei auch einen Vorsitzenden, der Adenauer hieß und unsterblich war. Danach sah es zumindest viele Jahre aus. Mehr als 14 Jahre prägte er unser Vaterland.

Allen jüngeren Lesern sei an dieser Stelle verraten: Ja, es gab sie wirklich, die Zeit vor Helmut Kohl. Ob auch er unsterblich ist, hat noch kein Parteitag endgültig entschieden. Unsterblich ist jedenfalls sein Lebenswerk, das für den Geschichtsunterricht vieler Schülergenerationen noch eine Menge Lehrstoff bieten wird. Helmut Kohl wird in alle Ewigkeiten „Der Kanzler der Einheit" genannt werden. Nicht etwa, weil er auf die Frage „Was kostet die Einheit?" geantwortet haben soll: „In der Telefonzelle zwei Groschen", sondern weil er als „Enkel Adenauers" das Lebensziel seines Großvaters verwirklichte und zusammenwachsen ließ, was zusammengehört. Und weil Kohl der Kanzler der Einheit ist und weil die CDU die Partei des Kanzlers ist, darum ist die CDU auch die Partei der Einheit. Die neuen Länder wären heute überhaupt nicht neu, dafür aber immer noch eingezäunt und unterdrückt, wenn es die CDU nicht gegeben hätte. Die CDU hat sozusagen das Ende des Kommunismus angeordnet, die Mauer niedergerissen und Honecker erst zum Teufel und später nach Chile gejagt. Historikern mag diese Darstellung vielleicht etwas verkürzt erscheinen. Aber eins ist sicher: Nein, nicht die Rente. Sicher ist, daß die CDU mit Helmut Kohl die Wiedervereinigung und damit ihr Lebensziel erreicht hat. Seit jenem historischen 3. Oktober 1990 – so behaupten böse Zungen – wäre die Partei durch das Erreichen ihres langjährigen Zieles eigentlich überflüssig geworden. Doch um dies zu verhindern, haben die Unterhändler Schäuble und Co. in den Einigungsvertrag das Kleingedruckte eingebaut. Sie dachten sich so tückische Sachen wie den Solidaritätszuschlag, die Treuhandanstalt und das Stasi-Unterlagen-Gesetz aus. Damit war jahrelanger politischer Streit vorprogrammiert und die Existenzberechtigung der Partei gesichert.

Und der liebe Gott schaut zu und betrachtet sein Werk. Nur hin und wieder wird es ihm zuviel. Dann läßt er ein großes Unglück über das Land kommen, und alle bereuen ihre Sünden und geloben öffentlich – auf Plakaten und in Bierzelten – künftig ein besseres Leben zu führen. Es ist eine große Strafe, die jeden Politiker heimsuchen wird, der sich an seinem Volk versündigt hat. Gott straft im Jüngsten Gericht. Doch vor den Jüngsten Tag hat er den nächsten Wahltag gestellt. Und davor fürchtet sich mancher Politiker mehr als vor Hölle und Fegefeuer.

Die Umfrage, der Kohl und die Krise

Krisenstimmung im Konrad-Adenauer-Haus. Die großen Tageszeitungen hatten am Morgen die jüngsten Umfrage-Ergebnisse verbreitet – wenige Monate vor der Wahl. Zwar erweckte der Parteivorsitzende öffentlich immer den Eindruck, an Meinungsumfragen so sehr interessiert zu sein wie ein Pfarrer an einer Preiserhöhung im Pornokino, aber vielleicht genau deshalb ist nicht auszuschließen, daß Parteichef Dr. Helmut Kohl, seines Zeichens im Nebenberuf Bundeskanzler, sich heimlich auf dem Klo doch die Balken- und Kurvendiagramme von Frau Nölle-Neumann, Allensbach und Co. anschaute. An diesem Morgen jedenfalls ging die Kurve, die mit den drei Buchstaben CDU bezeichnet war, scheinbar zum Kartoffeln holen in den Keller. Nur mit dem Unterschied, daß jemand, der zum Kartoffeln holen in den Keller geht, irgendwann gewöhnlich auch wieder hochkommt. Doch die Volksbefrager konnten der Partei an diesem Tag nicht viel Hoffnung machen. „Tendenz weiter fallend", hieß es.

Dr. Kohl saß an seinem Schreibtisch und konnte es nicht so recht glauben. Sowas hatte er in 15 Jahren Regentschaft noch nicht erlebt. Aber was war der Grund für den plötzlichen Sturz der Wählergunst ins Bodenlose? „Der Pastor soll kommen!" rief er in seine Sprechanlage. Das war nicht etwa der Ruf nach der letzten Ölung, sondern die Aufforderung an CDU-Generalsekretär Peter Hintze, zum Rapport zu erscheinen. Dieser hatte vor seinem Politikerdasein was Anständiges gelernt und wurde vom Boß deshalb gerne mit seiner früheren Berufsbezeichnung gerufen.

„Hintze, was hat das hier zu bedeuten? Hast du die Mineralölsteuer-Erhöhung um 1,20 Mark etwa den Leuten nicht plausibel erklären können? Oder hat das Volk vielleicht nicht verstanden, daß eine Rentenkürzung um 20 Prozent nach 48,4 Jahren zu sinkenden Rentenbeiträgen führen wird? War ich bei meinem Auftritt bei ‚Vera am Mittag' schlecht geschminkt? Hintze, erklär mir das! Ich will doch die Wahl gewinnen und Bundeskanzler bleiben, da können wir doch keinesfalls ...“

„Eminenz", fiel Hintze seinem Chef ins Wort. Er hatte den großen Vorsitzenden noch nie so ratlos gesehen. „Eminenz, haben Sie auch die Werte der SPD gesehen? Daraus geht doch hervor ...“

„SPD? Wieso SPD? Bin ich der CDU-Vorsitzende oder der SPD-Vorsitzende? Hintze, was bin ich?"

„Sie sind der CDU-Vorsitzende, Herr Kohl."

„Na, also. Um die Ergebnisse der Rotfront können sich die Genossen selber kümmern."

„Aber Herr Dr. Kohl! Es wäre doch nicht uninteressant zu wissen, daß die Werte für die SPD antiproportional zu ...“

„Antiprowas? Hintze, ich bin der Bundeskanzler der Bundesrepublik Deutschland. Also sprich bitte auch in der Amtssprache deutsch zu mir!"

„Jawohl, Herr Professor Doktor Kohl. Also, ich wollte sagen, daß die Umfrage-Ergebnisse für die Sozialdemokraten beinahe genauso stark gestiegen sind, wie unsere gefallen sind. Könnte es da nicht einen Zusammenhang geben?"

„Wieso denn Zusammenhang? Hmmm ..." Kohl legte seine Stirn in Falten und grübelte. Dann fiel ihm ein: „Haben wir dafür nicht einen Experten? Diesen Marketing-Chef, der ständig prüft, ob wir unsere hervorragende Politik auch publikumswirksam verkaufen? Wie heißt er noch?"

„Er heißt Hausmann und ist Ihr Regierungssprecher. Er hat sich krank gemeldet, nachdem Sie seine Äußerung über das neue Wahlplakat zurückgewiesen haben."

Ja, da war Kohl wirklich sauer gewesen, als Hausmann gemeint hatte, ein Plakat mit der Aufschrift „CDU – Für den schlanken Staat" wirke unfreiwillig komisch, wenn daneben ein Bundeskanzler in voller, überhaupt nicht schlanker Breite abgebildet sei.

„Hausmann ist also weg", grummelte Kohl. „Aber wir müssen was tun. Wir müssen unser Image ändern. Wir brauchen ein neues Wahlprogramm, neue Slogans, neue Prospekte, neue Kandi..." Er verschluckte das letzte Wort ganz schnell. Denn schließlich wollte *er* ja Bundeskanzler bleiben. „Pastor, besorg mir einen Experten! In zwei Stunden ist Krisensitzung. Es besteht Handlungsbedarf. Wenn ich ... äh, wenn wir die Wahl nicht gewinnen, dann ist das das Ende von Helmut Kohl, das Ende von Deutschland und auch das Ende von Peter Hintze als Generalsekretär. Und zwar in dieser Reihenfolge."

Die Schwarzen Seiten hatten unter dem Stichwort „Experten" nur drei Einträge: Erika Berger, Kurt Biedenkopf und ein gewisser Dr. Giesbert Nosse. Die ersten beiden kamen aus verschiedenen Gründen nicht in Frage, also wählte Hintze die Nummer von Dr. Nosse von der Firma „G. Nosse & Partner – Imagepolitur, Marketingstrategie und Gabelstaplerverleih". Der Termin mit Dr. G. Nosse war schnell gemacht. Wenig später saßen alle CDU-Spitzen im Großen Konferenzraum des Konrad-Adenauer-Hauses.

„Keine lange Vorrede", begrüßte Kohl den Experten. „Wie Sie vielleicht gelesen haben, hat es bei mehreren Meinungsforschungsinstituten offenbar eine Computerpanne gegeben, so daß Umfrage-Ergebnisse veröffentlicht wurden, die eigentlich so nicht ganz richtig sein können. Wir wollen Sie bitten, das aufzuklären. Aber falls ... hmmm, ich meine, wenn wirklich die Ergebnisse – natürlich nicht so heftig – aber wenn sie vielleicht doch ein klein wenig ... ich meine, wenn sie ein Körnchen Wahrheit haben – was ich mir nicht vorstellen kann –, dann wollen wir Sie bitten, mit uns ein Notprogramm zu entwerfen."

„Ich verstehe Ihre Sorgen", sagte Nosse und packte dabei eine große Aktentasche aus. „Ich kenne die Umfragen auch, und ich habe mir auf dem Weg hierher in der Straßenbahn ein paar sinnvolle Reformvorschläge überlegt."

Alle hörten gespannt zu. „Reformvorschläge" – das war ein Wort, das in den Mauern der CDU-Zentrale nicht häufig fiel.

„Aber bevor wir zur Partei kommen", fuhr Giesbert Nosse fort, „müssen wir über Personen reden. Wir haben eine Image-Analyse von erfolgreichen Politikern gemacht und die Ergebnisse auf Ihre Partei angewendet. Dabei sind wir zu dem Schluß gekommen, daß Ihre Spitzenpolitiker noch einiges an sich zu arbeiten haben. Ich meine, was ihr Bild in der Öffentlichkeit angeht."

Nosse öffnete einen seiner zahlreichen Aktenordner. „Ich hoffe übrigens, es stört Sie nicht, wenn ich während meines Vortrages den neuen Prospekt meines Gabelstaplerverleihs rumgehen lasse. Aber zurück zum Thema: Für Sie, Herr Dr. Kohl, habe ich mir folgendes überlegt. Zunächst mal müssen Sie Ihr Familienleben ordnen, oder besser gesagt: neu gestalten. Ihre Frau Hannelore wird sicherlich Verständnis dafür haben, wenn Sie sich aus Gründen des Wahlerfolges scheiden lassen werden. Überlegen Sie sich aber einen guten Grund, zum Beispiel sagen Sie: ‚Ich werde von Hannelore auf Diät gesetzt, immer muß ich Müsli essen und mir mein Essen heimlich vom Saumagen-Taxi kommen lassen.'

Gut kommt auch beim Publikum an, wenn Sie sich weigern, Unterhalt zu zahlen. Aber natürlich nur, wenn Hannelore das auch in ein paar öffentlichkeitswirksamen Interviews dem Volk preisgibt. Sie sollten sich bemühen, spätestens vier Wochen nach der Scheidung eine junge

Journalistin zu heiraten. Sicherlich werden befreundete Nachrichten-Magazine Ihnen da hilfreich und vermittelnd zur Seite stehen."

Kohl schrieb alles eifrig in seinen kleinen Notizblock und schlug noch vor, im Bundeskanzleramt eine Praktikantin einzustellen. Er wußte: Einen Wahlsieg gibt es nicht umsonst.

„Und nun zu Ihnen, Herr Wissmann", sagte Dr. Nosse mit Blick auf den Verkehrsminister. „Was Sie brauchen, wäre ein richtig dicker Rotlicht-Skandal."

„Ich soll eine rote Ampel überfahren?" staunte Wissmann, der plötzlich um seinen Führerschein fürchtete und an sein Flensburger Konto dachte.

„Nein, nein, gehen Sie in ein verrufenes Etablissement, aber sorgen Sie dafür, daß Sie auch gesehen werden, sonst bringt's ja nichts."

Wissmann blätterte in seinem Kalender, bat dann aber seine persönliche Referentin, einen Termin in einer entsprechenden Lokalität auszumachen.

„Für meine nächste Kampagne hatte ich Herrn Schäuble vorgesehen, aber, ähm, das geht nicht." Nosse blickte in sein Publikum und sprach dann den Arbeitsminister an. „Herr Blüm. Haben Sie ein gelbes Trikot zu Hause?" Blüm blickte fragend zurück. „Und ein Rennrad brauchen Sie auch. Wenn Sie sich zutrauen, ein paar Tage lang die Tour de France in der Bild-Zeitung zu kommentieren, um so besser. Wenn nicht, reicht auch ein kleiner Sturz beim Radfahren mit anschließendem vierwöchigem Klinikaufenthalt. Herr Seehofer wird Ihnen dann sagen, was Sie zuzahlen müssen. Noch Fragen?"

Das Auditorium war fasziniert von den Vorschlägen. Aber alle hatten das dumpfe Gefühl, die Sache könnte einen Haken haben. Giesbert Nosse trat nun an das Flip-Chart. Früher hätte er mit Kreide auf eine Tafel geschrieben. Aber bei einer fortschrittlichen Partei gab es ein Flip-Chart. Noch fortschrittlicher wäre ein Tageslicht-Projektor gewesen. Aber die CDU ist nicht nur modern, sondern auch konservativ. Das Flip-Chart war also quasi das materialisierte Parteiprogramm. Dieser Gedanke gefiel dem Experten, der drei Buchstaben auf das Papier schrieb: C D U.

„Natürlich müssen Sie auch was an Ihrem Parteilogo ändern." Er nahm einen Stift und drehte das U um 90 Grad nach links, setzte einen senkrechten Balken davor. Das C verlängerte er nach unten mit einem Haken, dann vertauschte er die letzten beiden Buchstaben. „So, das ist modern. Das ist Erfolg. Das ist Zukunft. Das ist Wahlsieg." Man merkte ihm an, daß er von seinem Entwurf begeistert war.

Und auch die Zuhörer fanden Gefallen an dem neuen Logo – das ihnen aber irgendwoher bekannt vorkam. Bildungsminister Rüttgers holte seine Alphabettafel aus dem Portemonnaie und verglich das neue Logo mit den Buchstaben seiner Tafel. Dann sagte er überrascht: „Aber das heißt ja ... das ist ja ... da steht ja nun ... S ... P ... D."

„Das gibt's doch schon", murmelte Fraktions-Vize Geißler. Und der Staatsrechtler Rupert Scholz las aus seinem Taschenbuchkommentar zum Bürgerlichen Gesetzbuch die einschlägige Stelle zum Urheberrechtsgesetz vor. Leider gab es schon eine andere Partei, die auf dieses Logo – und auch auf die anderen Vorschläge von G. Nosse – das Copyright besaß.

Kohl griff zum Handy und machte den Scheidungstermin bei seinem Anwalt rückgängig. Auch Wissmann sagte den Rotlicht-Besuch ab. Blüm radelte auch künftig auf seinem Heimtrainer. Kurz: Bei der CDU blieb alles beim alten. Und trotzdem/deswegen hat sie die Bundeswahl gewonnen/verloren. (Nichtzutreffendes bitte streichen.)

G. Nosse merkte, daß er mit seinem Strategiepapier gescheitert war. Kleinlaut fragte er in die Runde: „Aber wenn jemand von Ihnen vielleicht einen Gabelstapler mieten möchte ..."

Eins ist sicher:
Ärger mit der Rente

Es war der 22. Juli 2005. Am Abend zuvor hatte er noch mit seinen netten Kollegen den 70. Geburtstag gefeiert – er war schließlich der Dienstälteste in seiner Abteilung gewesen –, und nun machte er sich schon auf den Weg zum Rentenamt. Unsicher betrat er das große, anonyme Gebäude, folgte den Wegweisern und kam schließlich in einen großen Warteraum mit vielen Türen. An jeder Tür war ein Schild mit Buchstaben zu lesen. An der Tür mit der Aufschrift „A bis H" zog er eine Nummer und setzte sich dann zu den anderen Wartenden.

Es dauerte geschlagene zwei Stunden, bis er aufgerufen wurde. Er ging auf die Tür zu, betrat das Büro des Sachbearbeiters und nahm Platz.

„Guten Tag, ich möchte gerne meine Rente beantragen", sagte er.

„Name?" fragte der Beamte barsch.

„Blüm, Norbert", anwortete der Neu-Rentner, „geboren am 21. Juli 1935 in Rüsselsheim."

„Beruf?"

„Politiker."

Der Sachbearbeiter trug alle Daten eifrig in ein Formular ein.

„Und Sie wollen also in Rente gehen? Wie lange haben Sie Ihre letzte Tätigkeit ausgeübt?"

Blüm rechnete kurz zurück. 1982 war er Minister geworden.

„23 Jahre."

„Und haben Sie vorher auch schon Beiträge in die Rentenkasse gezahlt?"

„Ja, ich bin gelernter Werkzeugmacher und Philosoph." Er zeigte das Prüfungszeugnis seiner Lehre und die Urkunde über seinen Doktortitel der Philosophie.

„Kommen wir nun zum finanziellen Teil, Herr Blüm. Was haben Sie denn in den letzten Jahren so verdient?"

Die Frage war dem Ex-Minister offenbar nicht so angenehm. Er druckste herum und legte dann ganz kleinlaut seine Bezüge offen.

Der Beamte rechnete kurz und sagte dann: „Aha, davon konnten Sie dann also 23 Jahre lang jeden Monat 5.000 Mark auf die hohe Kante legen, macht genau 1,38 Millionen Mark – ohne Zinsen, versteht sich."

„Was meinen Sie mit hoher Kante?" zeigte sich der alte Mann verwirrt.

„Herr Blüm, Sie kennen doch das neue Rentengesetz aus dem Jahr 1999, oder?"

„Ähm, nicht so genau, warum?"

„Darin hat die Bundesregierung festgelegt, daß jeder Arbeitnehmer zusätzlich zur Rentenversicherung jeden Monat ein Viertel seines Einkommens zu seiner eigenen Absicherung sparen muß. Das haben die damals ge-

macht wegen der umgekehrten Pyramide, Sie wissen schon ..."

Herr Blüm wußte nichts von Pyramiden und entschuldigte sich dafür, daß er sich nicht mehr an die tagespolitischen Einzelheiten von vor sechs Jahren erinnern konnte. Das Alter ...

„Und jetzt nehmen Sie mal das hier." Der Beamte reichte Herrn Blüm ein Springseil. „Und auf geht's!"

„Wie bitte?"

„Springen Sie! Wir wollen Ihre Kondition testen."

Etwas verwirrt nahm er das Springseil, verhedderte sich zunächst mehrmals, dann hüpfte er los. Der Beamte zählte bis 24 – und trug die Zahl in sein Formular ein.

„Was sind 38 Prozent von 3950?"

„1501", kam die Antwort wie aus der Pistole geschossen. Seitdem 1997 der Rentenbeitrag auf 38 Prozent gestiegen war, konnte er diesen Prozentsatz von jeder Summe im Schlaf bilden. „Aber warum fragen Sie das?"

„Paragraph 423 b, Absatz 3, Reformiertes Rentenabweisungsgesetz. Seit 1. Januar 2002 muß jeder potentielle Rentner nachweisen, daß er altersbedingt nicht mehr in der Lage ist, werktätig zu sein."

Der potentielle Rentner war sehr verunsichert und fragte nur ein leises: „Und?"

„Tja, Herr ..." Der Beamte blickte auf sein Formular. „... Herr Blüm ... Sie sind noch ziemlich fit für Ihr Alter. Sie hatten wohl keinen anstrengenden Beruf, oder?"

„Naja, ich habe jeden Morgen meine Liegestütze gemacht, und während der Bundestagsdebatten habe ich Silbenrätsel gelöst. Das hat mich frisch gehalten."

„Das ist sehr vernünftig von Ihnen gewesen. Wissen Sie: Solche Leute brauchen wir, die sich nicht auf die faule Haut legen und bereit sind, ihr Letztes zu geben. Nicht nur für sich, sondern auch für die Solidargemeinschaft. Wissen Sie, was das ist, Solidargemeinschaft?"

Herr Blüm hatte das Wort schon mal gehört, wußte aber nicht mehr genau, wo. Weil er sich aber keine Blöße geben wollte, murmelte er nur „jaja" und fragte: „Wieviel Rente kriege ich denn nun?"

„Einen kleinen Moment, das haben wir gleich." Der Mann vom Rentenamt tippte einige Zahlen in seinen Computer ein, drückte dann auf eine große runde Taste und wartete darauf, daß der Rechner den Rentenbescheid ausdruckte. Währenddessen erklärte er: „Wissen Sie, das geht heute alles mit toller Technik. Fast schon Zauberei. Aha, da haben wir es ja schon."

Er überreichte Herrn Blüm das Blatt Papier mit den Worten: „Dann bekomme ich monatlich 29 Mark 50 von Ihnen. Wollen Sie bar zahlen? Sonst nehmen Sie diesen Vordruck für einen Dauerauftrag."

Der Antragsteller guckte verdutzt. „Ich dachte, ich *kriege* hier etwas?"

Mitleidig blickte der Beamte ihn an. „Sie kennen die Rechtslage aber wirklich nicht. Das tut mir leid. Wissen Sie, was ein Generationenvertrag ist? Also, da sind die Leute, die arbeiten und Geld verdienen. Und dann sind da noch ganz viele, die nicht arbeiten und kein Geld verdienen. Die einen müssen für die anderen bezahlen. Aber weil es weniger Arbeiter gibt als Rentner, gibt es im Generationenvertrag noch das Kleingedruckte. Und je

rüstiger ein Antragsteller ist, desto geringer fällt die Rente aus. Daß dies bei Ihnen in den negativen Bereich geht, ist zwar schade, aber nichts Ungewöhnliches."

Gerade wollte Herr Blüm auf die Politiker schimpfen, als ihm einfiel, daß er ja selber bis gestern noch der zuständige Minister gewesen war. Also blieb ihm wohl nichts anderes übrig: Er zückte das Portemonnaie und wollte schon die 29 Mark 50 zusammenkratzen. Da sagte der Beamte: „Moment, ich bin ja kein Unmensch." Blüm schaute sein Gegenüber erwartungsvoll an. „Wenn Sie wollen, dann zerreiße ich Ihren Rentenantrag und werde mich nie daran erinnern können, daß Sie hier gewesen sind." Herr Blüm schwieg einen Moment.

„Das würden Sie wirklich tun? Einverstanden, ich ziehe meinen Antrag zurück."

„Weil Sie es sind. Aber das geht natürlich nur, wenn Sie auf Ihre Rentenansprüche verzichten und Ihren bisherigen Beruf wieder ausüben. Nehmen Sie diese Rentenverzichtserklärung und legen Sie sie Ihrem Arbeitgeber vor. Er wird Sie dann zu 65 Prozent Ihres bisherigen Einkommens weiterbeschäftigen. Das ist auch so eine unserer sozialen Errungenschaften."

Dankbar nahm Herr Blüm das Formular und ging zu seinem bisherigen Arbeitgeber. Der Bundeskanzler war froh, daß ihm so die Suche nach einem neuen Arbeitsminister erspart blieb.

„Nobbi, du bist ein guter Politiker", sagte er zu seinem Lieblingsminister. „Du wirst noch lange gute Dienste tun." Und wenn er nicht gestorben ist, dann denkt er sich noch heute neue Rentenreformen aus.

The same procedure as every year

Der 90. Geburtstag von Frau Mittelstädt

„Peinlich, Herr Bundeskanzler! Schlechteste Neu-
jahrsansprache seit Jahren." So titelte eine Boulevardzei-
tung am 31. Dezember 1997. Doch sie hatte unrecht.
Denn die 97er-Silvesteransprache von Helmut Kohl war
nicht besser und nicht schlechter als die 15 zuvor. Und
daß einmal zunächst keinem auffiel, daß die Aufzeich-
nung vom Jahr zuvor gesendet wurde, hat auch einen
Grund: Der Bundeskanzler liest jedes Jahr denselben
Text vor. Damit es nicht ganz so sehr auffällt, ändert er
die Jahreszahl und das eine oder andere Wort. Durch
eine Indiskretion ist die Grundfassung einer jeden
Silvesteransprache bekannt geworden. Sie soll übrigens
auch schon von Rita Süssmuth am Neujahrstag, von Ro-
man Herzog zur Weihnachtsansprache und vom dritten
Bürgermeister von Hückeswagen zum 90. Geburtstag
von Frau Mittelstädt verwendet worden sein:

„Liebe Landsleute!
    Das Jahr 19__ liegt hinter uns. Es war ein (arbeits-
reiches / anstrengendes / schwieriges) Jahr. Zugleich

aber haben wir auch eine Menge (geschafft / erreicht / Mist gebaut). Wir wollen nicht auf das Vergangene zurückschauen, sondern in die Zukunft blicken. Vor uns liegt ein (arbeitsreiches / anstrengendes / schwieriges) Jahr. Die (Bundestagswahl / Fußball-WM / Geburtstagsfeier von Frau Mittelstädt) wird alle anderen Ereignisse überschatten. Um der Zukunft willen müssen die notwendigen Veränderungen durchgesetzt werden. Wir dürfen (die Arbeitslosen / die Studenten / Frau Mittelstädt) nicht ihrem Schicksal überlassen. Jeder einzelne wird gebraucht. Denken wir an diesem letzten Tag des Jahres an die (Weihnachtsbotschaft / Steuererklärung / Deutsche Bank). Sie erinnert uns daran, daß wir ihr immer vertrauen dürfen. Diese Zuversicht bewahrt uns vor (Lebensangst / Selbstmord / Realitätssinn). Danken wir dafür (Gott / der CDU / der Pflegeversicherung).

Verehrte Damen und Herren, lassen Sie mich in aller Deutlichkeit sagen: Es gibt keinen Grund (zu verzagen / auszuwandern / die SPD zu wählen). Denn unsere Anstrengungen tragen Früchte. (Das Wirtschaftswachstum / Die Arbeitslosenquote / Der Benzinpreis) ist durch unsere Politik im vergangenen Jahr auf den beachtlichen Wert von (fünf / zwanzig / zweiachtzig) (gestiegen / gefallen). Darauf können wir stolz sein! Ich erwarte von (den Gewerkschaften / den Kirchen / Frau Mittelstädt), daß die Chancen für unsere Zukunft genutzt werden. An der Schwelle zum neuen Jahr sollten wir aber auch an jene denken, (denen wir früher immer Weihnachtspakete schicken mußten / die Silvester im Musikantenstadl verbringen / die sich beim Feuerwerk die Finger verbrennen). Sie sollen auch heute wissen: Wir sind ein Volk! Und wir werden gemeinsam unsere Zukunft im Jahr 19__ meistern. Nehmen wir uns ein (anspornendes / abschreckendes) Beispiel an dem unermüdlichen Einsatz, den (die Bundeswehrsoldaten / unsere Fußballjungs / die Pfleger von Frau Mittelstädt) im vergangenen Jahr geleistet haben. Auf solche Männer können wir (stolz sein / sehr stolz sein / verzichten).

Liebe Landsleute, die Eindrücke, die ich in den vergangenen Monaten (in der politischen Diskussion / im Urlaub / in der Sauna) gewonnen habe, lassen mich (nachdenklich / traurig / hungrig) werden. Denn trotz aller Schwierigkeiten werden wir im nächsten (Jahr / Jahrhundert / Leben) die innere Einheit unseres Vaterlandes endgültig (vollenden / erhoffen / vergessen) können.

Lassen Sie mich noch ein paar Worte zu unserem Haus Europa sagen. Im neuen Jahr steht der Europäischen Union (der Euro / die Erweiterung / die Auflösung) ins Haus. Daher werden wir unsere Vision nicht aus dem Auge verlieren. Dieses Europa wird ein Kontinent (des Friedens / der Bürokraten / des Rinderwahnsinns).

Freunde, Nachbarn, Landsleute! Handeln wir mit (Mut / Entschlossenheit / Verantwortungsbewußtsein) und (Entschlossenheit / Verantwortungsbewußtsein / Mut)! Ich wünsche Ihnen Glück und Gesundheit im Jahr 19__. (Gott / Die Deutsche Bank / Ich) segne das deutsche Vaterland."

Nichts geht über innere Sicherheit

Das BdoKrbdErschldBefiVdÖPNVG und seine Folgen

„Die Fahrscheine bitte!" Auch der unbescholtenste Bürger zuckt bei diesen Worten in U-, S- oder Straßenbahn zusammen und faßt ängstlich in Jacken- oder Gesäßtasche mit dem Gedanken: „Hoffentlich hab' ich meine Monatskarte nicht ausgerechnet heute vergessen." So auch Manfred Kanther, der im Rahmen der Initiative „Wir steigen um – Spitzenpolitiker in Bus und Bahn" seit einigen Tagen die öffentlichen Verkehrsmittel nutzte und mit der U-Bahn zum Flughafen fuhr. Ah, da war es ja, das Ticket. Beruhigt hielt er es dem gefährlich dreinschauenden Kontrolleur vor die Nase.

Gefährlich sah der Mann von der U-Bahn-Wache nicht nur wegen seiner schwarzen Uniform und seiner umgehängten Maschinenpistole aus. Vor allem der Körperbau ließ darauf schließen, daß die Kontrolleure nahkampferprobt auf potentielle Schwarzfahrer losgelassen wurden.

Kanther betrachtete sein Gegenüber mit innerer Befriedigung. Nach der Verabschiedung seines „Gesetzes zur Bekämpfung der organisierten Kriminalität bei der

Erschleichung der Beförderung in Verkehrsmitteln des Öffentlichen Personennahverkehrs" (Kurz: BdoKrbd-ErschldBefiVdÖPNVG) waren die Kompetenzen der Fahrscheinkontrolleure erheblich ausgeweitet worden.

Der Kontrolleur beäugte intensiv abwechselnd den Fahrschein und den Fahrgast. Als er mit einer Hand an seinen Gürtel griff, sah es so aus, als wollte er seine Maschinenpistole entsichern und den Ertappten standrechtlich erschießen. Aber er zückte aus seinem Täschchen nur den Block mit den Verwarnungszetteln und sagte: „Sechzig Mark."

Herr Kanther wußte nicht, wie ihm geschah. „Aber wieso? Ist was nicht in Ordnung mit meinem Fahrschein?"

„Guter Mann", lächelte der Kontrolleur milde. „Das hier ist kein Fahrausweis, sondern Ihr Impfpaß – ausgestellt am 30. Mai 1939 vom Krankenhaus Schweidnitz. Sie sind verhaftet."

Panikartig fiel dem Innenminister der Paragraph 14 des BdoKrbdErschldBefiVdÖPNVG ein: „Personen, die sich die Beförderung in Verkehrsmitteln des Öffentlichen Personennahverkehrs mit Hilfe von arglistiger Täuschung erschleichen oder zu erschleichen versuchen und von den bevollmächtigten Angehörigen des Kontrollpersonals bei der Begehung des Vergehens gestellt werden, sind im Interesse der inneren Sicherheit und des Bestandes der demokratischen Grundordnung der Bundesrepublik Deutschland auf der Stelle festzusetzen und in Gewahrsam zu nehmen."

„Aber irgendwo muß doch mein Ticket sein", murmelte der Minister und stöberte in seinen Taschen, während alle anderen Fahrgäste schadenfroh und erleichtert zuschauten, als wollten sie sagen: „Da hat's mal wieder einen erwischt!"

Aber der Fahrschein blieb verschollen. Vermutlich hatte er im Büro das falsche Jackett angezogen. Aber diese Erkenntnis half ihm jetzt auch nicht weiter. Der Kontrolleur legte ihm Handschellen an und brachte den Schwarzfahrer an der nächsten Station auf die U-Bahn-Wache.

Dort erwartete ihn der Chefinspektor der „Underground Security". Für ihn war der Umgang mit Kleinkriminellen längst Routine. Aus der Schublade holte er einen Bogen.

„Name, Beruf, Geburtsdatum?"

„Kanther, Manfred. Bundesminister des Inneren. Geboren am 26. Mai 1939."

„Vorstrafen?"

„Ähm ... keine."

Er mußte noch Fragen zur Schuhgröße und Augenfarbe, zum Konsumverhalten bei Rauschgift und asiatischen Speisen sowie seiner Haltung zu Demokratie und Rechtsstaat beantworten. Dann fragte der Security-Mann nach dem Geburtsort.

„Ich bin in Schweidnitz geboren."

„Wo liegt das denn?" fragte der Inspektor, wartete aber die Antwort nicht ab und griff zu seinem Taschenlexikon, das im Regal stand. Dort las er: „Schweidnitz (poln. Swidnica), Stadt an der Weistritz, Niederschlesien, Polen, 52.000 Einwohner."

„Aha, ein Pole. Das hätte ich mir gleich denken können."

„Aber ich bin doch gar kein Pole. Ich bin Deutscher",
verteidigte sich Herr Kanther hilflos.

„Hier steht doch schwarz auf weiß, daß Sie in Schlesien geboren wurden. Und Schlesien ist Polen. Stimmt's,
Freundchen?"

„Ja, nein ... früher ... aber nicht heute ... ich meine ...
heute ..., aber nicht früher", stammelte der Ertappte und
versuchte zu erklären: „Als ich dort geboren wurde,
war das nicht Polen, sondern Deutsches Reich und heute ..."

„Aha", zischte der Wachmann. „So läuft der Hase
also. Sie sind so ein Extremist. So ein Rechtsradikaler,
der die deutschen Ostgrenzen nicht anerkennt. In unserem Land ist für kriminelle Ausländer, die auch noch
verfassungsfeindlich und rechtsextrem sind, kein Platz!
Ein Wunder, daß Sie mit der U-Bahn und nicht mit einem geklauten Mercedes unterwegs sind. Hier haben Sie
ein Ticket für die nächste U-Bahn zum Flughafen. Und
dann nehmen Sie den nächsten Flieger in Ihre Heimat.
Herr Kanther, Sie sind hiermit ausgewiesen!"

Hier könnte diese Episode zu Ende sein – wenn nicht
die Sucht nach Harmonie den Verfasser dieser Zeilen zu
einem Happy-End drängen würde.

Vier Stunden lang dauerte die erkennungsdienstliche
Behandlung des Verdächtigen. Herrn Kanther wurden
gerade die Fingerabdrücke abgenommen und Hand-
fesseln angelegt, als das Telefon auf dem Schreibtisch
des Wachmannes läutete.

Es war der Kanzler persönlich, der seinen Innenminister vermißte. Und so kam es, daß aufgrund des persönlichen Einsatzes des Regierungschefs die Abschiebung verhindert wurde. Denn Kanther wurde zu einer Kabinettssitzung erwartet. Thema: Schärfere Gesetze zur Stärkung der inneren Sicherheit.

In der Ruhe liegt die Kraft ...

... aber nicht bei der Parteimitgliedschaft

„Herr Hintze, ich weiß nicht, was ich hiermit machen soll?" Die Sekretärin im 10. Stock des Konrad-Adenauer-Hauses sah hilflos aus, als sie mit einer Karteikarte ins Büro des Generalsekretärs kam.

„Was ist denn, Frau Plönke?"

„Der Landesverband Berlin schickt uns hier die Unterlagen eines Mitglieds, das seit Jahren keine Beiträge mehr gezahlt hat."

„Und wo ist das Problem?" fragte Hintze. „Mahnung, zweite Mahnung, Parteiausschluß. Ganz einfach."

„Ganz so einfach ist das nicht, Herr Generalsekretär. Das Mitglied beruft sich darauf, eine ruhende Mitgliedschaft zu haben."

„Was soll denn das sein? Warten Sie einen Moment." Hintze holte sein Notfallbuch hervor, in dem ihm der Parteichef alle wichtigen Begriffe erklärt hatte.

Er las: *„Ruhegelder:* Zahlungen für ausgeschiedene Minister, über die man in der Öffentlichkeit nicht zu viel sprechen sollte.

Ruhekissen, sanftes: Beschreibung des Volksmundes

für ein gutes Gewissen – bei Politikern naturgemäß die Ausnahme.

Ruhestand, vorzeitiger: In den wird man versetzt, wenn man in der Partei zuviel Unruhe erzeugt hat."

Dann kam schon der Eintrag: *„Rühe, Volker:* ehemaliger zukünftiger potentieller Kohl-Nachfolger. Jetzt: nur noch Minister."

Nein, ein Eintrag über *ruhende Mitgliedschaft* war nicht vorhanden.

„So was gibt's bei uns nicht", sagte er zu seiner Sekretärin. „Oder gibt es vielleicht auch eine ruhende Schwangerschaft?"

Das überzeugte Frau Plönke. „Also schicken wir ihm die Kündigung, ja?"

„Jawohl! Ruhende Mitgliedschaft, so ein Unfug. Wir sind doch kein Altersheim und auch kein Friedhof."

Frau Plönke setzte sich an ihren Schreibtisch und wollte dem Berliner Mitglied einen Brief schreiben. Dann fiel ihr die Personalakte des Betroffenen in die Hand, und sie merkte, daß er wohl früher mal ein prominenter Politiker gewesen sein muß.

„Herr Hintze", rief sie durch die offene Bürotür. „Der Mann war mal Präsident des Evangelischen Kirchentages. Wollen wir ihn trotzdem ausschließen?"

„Soso, war er das mal? Hat er heute noch irgendwelche politischen Ämter?"

„Nein. Er war bis 1981 Bundestagsabgeordneter. Dann ging er weg aus Bonn."

„Also ein Politpensionär. Wer nicht zahlt, der fliegt bei uns raus. So ist das im Kegelclub, so ist das in der

Straßenbahn und im Kino. Und so ist das auch in der CDU."

„Gilt das auch, wenn er behauptet, ein überparteilicher Mensch zu sein, Herr Hintze?"

„Das gilt auch, wenn er behauptet, der Kaiser von China zu sein."

„Also gut." Frau Plönke akzeptierte das Machtwort des Generalsekretärs, obwohl ihr etwas unwohl dabei war. Denn sie hatte so ein komisches Gefühl, als sie den Bogen in die Schreibmaschine spannte und zu tippen begann: „Herrn Richard von ... äh, Herr Hintze, schreibt man ‚Weizsäcker' eigentlich mit ‚tz' oder mit ‚z'?"

CDU: jetzt auch als Aktie

Eine Partei geht an die Börse

„Ich wär so gerne Minister ..." Schon seit Wochen hatte Manfred Krug in zahlreichen Werbespots für den Börsengang der Christlich Demokratischen Union, künftig: CDU AG, geworben. Die Mehrheit der Union hatte im Bundestag kurz vorher noch die Spekulationssteuer abgeschafft, um allen Kleinaktionären den Kauf von CDU-Anteilen schmackhaft zu machen. Natürlich hatte es auch innerparteilich einige Umstrukturierungen geben müssen: Der Parteichef wurde zum Vorstandsvorsitzenden, das Parteipräsidium verwandelte sich in einen Aufsichtsrat, und der Schatzmeister nannte sich fortan Finanzvorstand. Plötzlich interessierte sich das gemeine CDU-Mitglied mehr für den Börsenteil der F.A.Z. als für das Politbarometer im ZDF. Der DAX wurde wichtiger als die neuesten Wahlprognosen. Denn, so dachten auch die Wähler, eine ordentliche Dividende bringt mir mehr als ein Wahlsieg in vier Jahren. Auf einmal schaute der Kanzler lieber die Telebörse auf n-tv als die Politmagazine auf SAT1. CSU und FDP wurden zu Tochtergesellschaften – mit dem Ziel einer baldigen Fusion.

Die Aktionärsversammlung (die man früher noch Parteitag genannt hatte) beschloß auch einige Änderungen im Parteiprogramm. Stammaktien gab es seitdem nur noch für Stammwähler. Und schon aus parteiideologischen Gründen wurde es dem Topmanagement verboten, rote Zahlen zu schreiben, was allein schon die Sozialdemokraten vorerst daran hinderte, einen Börsengang zu wagen. Doch es dauerte nicht lange, bis auch die anderen Parteien zu Konzernen wurden. Im Bundestag saß die CDU AG mit ihren Töchtern plötzlich der Firma Schröder & Co. KG gegenüber. Und die Grünen wurden zu „Fischer und Söhne" (bis die Quotenfrauen eine Umbenennung in „Fischer und Söhne und Töchter" erzwangen). Nur die PDS ließ sich nicht vom Kapitalismus anstecken und gründete den volkseigenen Betrieb PDS VEB.

Doch dann kam der Schwarze Freitag: Der Finanzchef der CDU-Tochter „FDP GmbH", Hermann Otto Solms, hatte vergessen, die Steuererklärung seines Unternehmens rechtzeitig abzugeben, so daß die erhofften Steuerrückzahlungen in Millionenhöhe ausblieben. Und ehe man sich versah, mußte die „FDP GmbH" Konkurs anmelden, was natürlich nicht ohne Auswirkungen auf den Mutterkonzern blieb. Die Aktien fielen in den Keller. Panikverkäufe in allen politischen Lagern bestimmten das Tagesgeschehen. „Fischer und Söhne und Töchter" versuchten es mit einer Portfolio-Optimierung und machten als „Fischer-Man's Friends" eine Lutschpastillenfabrik auf. Der PDS VEB konnte nur durch einen Milliardenkredit aus Moskau überleben. Das Vertrauen der Anleger schwand zusehends. Kurzum: In der politischen Landschaft kam es zum großen Crash. Besonders betroffen war natürlich der Marktführer. Die CDU AG mußte Tausende ihrer Funktionäre entlassen. Im Rahmen der Portfolio-Bereinigung trennte sie sich von verlustbringenden Geschäftsbereichen wie der CDA, der Jungen Union und den Christdemokraten gegen Atomkraft. Dies alles half nicht viel. Der Kurs dümpelte vor sich hin. Selbst die mutigsten Spekulanten trauten sich nicht, die billigen CDU-Aktien zu kaufen. Doch dann kam die Rettung – und zwar aus Amerika.

Ein junger, aufstrebender Geschäftsmann fuhr in der Straßenbahn zur Arbeit und stellte sich die tägliche Frage: „Wohin mit den Milliarden?" Nachdem er alle Computerfirmen der Welt aufgekauft hatte, brachte dieser Markt keine Herausforderungen mehr für ihn. Im Internet hatte er von der Krise in Deutschland gelesen. Er stieg schon eine Straßenbahnstation früher aus und ging zu seiner Sparkasse, zog sich einen Kontoauszug und zählte die Zahl der Stellen seines Vermögens. „Das reicht für eine kleine Investition", dachte er sich und füllte einen Überweisungsträger aus: „Empfänger: CDU, Deutschland. Betrag: 10000000000 Dollar." Er wußte nicht genau, wie diese Zahl hieß, aber die Zahl der Nullen war nicht so groß, daß er sich darüber Gedanken machen mußte. Den gleichen Betrag überwies er an die Schröder & Co. KG. Angesichts der Krise hatten auch das Kartellamt und die EU-Kommission keine Bedenken gegen den Kauf. Und so kam es, daß Bill Gates der Bundeskanzler einer Großen Koalition wurde.

Sterne lügen nicht

Alle tun sie es, ob heimlich oder öffentlich: Noch bevor die politischen Analysen und Leitartikel gelesen werden, gehören die Horoskope zur täglichen Pflichtlektüre eines jeden Politikers. Denn die Sterne lügen bekanntlich nicht. Und daß schon große römische Feldherren vor wichtigen Entscheidungen die Sterne befragten, veranlaßt vielleicht auch heute den einen oder anderen Spitzenpolitiker, sich sein Horoskop anzuschauen.

Widder (... z. B. Helmut Kohl – 3. April)
Zu Ihrem Selbstbewußtsein und Ihrer Ausdauer kommt ein gutes Durchhaltevermögen. Dadurch können Sie sich Ihren Arbeitsplatz besonders behaglich gestalten. Es gibt keinen Grund, Probleme überstürzt anzugehen, wenn man sie auch aussitzen kann. Lassen Sie sich die Zügel nicht aus der Hand nehmen. Sie lassen sich von niemandem vom Kurs abbringen. Wer sich Ihnen in den Weg stellt, ist selber schuld. Schließlich sitzen Sie fest auf Ihrem gemütlichen Stuhl. Aber Vorsicht! Lassen Sie niemanden daran sägen! Hüten Sie sich vor anderen

Widdern. Die sägen besonders gerne. (Gerhard Schröder 7. April, Joschka Fischer 12. April).

Stier (... z. B. Jochen Borchert – 25. April)

Seien Sie spendabel und großzügig, auch wenn das, was Sie verteilen, Ihnen gar nicht gehört. Man wird es Ihnen danken. Werfen Sie Ihr ganzes Gewicht in die Waagschale und beweisen Sie langen Atem. Merkur ist Ihnen wohlgesonnen. Und Mars gibt Ihnen Energie. Es könnte sich schon morgen auszahlen, wenn Sie heute Ihre Chancen nutzen.

Zwilling (... z. B. Manfred Kanther – 26. Mai)

Sie müssen sehr hart durchgreifen. Kompromisse sind etwas für Weichlinge. Wenn Sie so weitermachen wie bisher, werden Sie Ihrem Ziel stets näher kommen. Im Privatleben ist Vorsicht angesagt: Hüten Sie sich vor Einbrechern, Taschendieben, Asylbewerbern und der Russen-Mafia. Man kann sich ja nirgends mehr sicher sein.

Krebs (... z. B. Angela Merkel – 17. Juli)

Der Krebs wird seine Liebe zur Natur wieder neu entdecken. Beim Muscheln-Sammeln werden Sie auf einem schmierigen Ölfilm ausrutschen. Dies wird Ihnen die Augen öffnen, so daß Sie noch am gleichen Tag Mitglied bei Greenpeace werden. Gehen Sie vertragliche Verpflichtungen nur dann ein, wenn die Einhaltung Sie keine Mühe kosten könnte. Und achten Sie immer auf das Kleingedruckte!

Löwe (... z. B. Klaus Töpfer – 29. Juli)

Nach einem Neuanfang haben Sie sich Luft geschafft. Ihr scheinbarer Aufstieg ist jedoch in Wirklichkeit ein Rückschritt. Sind Sie sicher, daß Ihre neue Aufgabe das Richtige für Sie ist? Mit Fleiß, Ausdauer und Zuverlässigkeit haben Sie sich Ihre jetzige Position erkämpft. Passen Sie auf sich auf, sonst werden Sie eines Tages dorthin zurück wollen, wo Sie hergekommen sind.

Jungfrau (... z. B. Wolfgang Schäuble – 18. September)

Es läuft nicht alles bestens! Sie arbeiten zuviel und sollten sich öfter mal eine Ruhepause gönnen. Schließlich warten große Aufgaben auf Sie. Laufen Sie Ihren Pflichten nicht davon! Das kann zwar noch eine Weile dauern, aber Merkur wird Ihnen eine große Portion Geduld geben. Die werden Sie auch bitter nötig haben.

Waage (... z. B. Rudolf Seiters – 13. Oktober)

Wenn Sie nicht bald irgendwas Aufregendes tun, werden Sie in der Vergessenheit verschwinden. Bringen Sie sich wieder in Erinnerung: Lassen Sie sich beim Steuernhinterziehen erwischen, fahren Sie bei Rot über die Ampel, lassen Sie sich scheiden, oder fordern Sie eine schwarz-grüne Koalition. Aber tun Sie irgendwas!

Skorpion (... z. B. Christian Schwarz-Schilling – 19. November)

Weit und breit ist niemand zu sehen, der Ihre wohlverdiente Ruhe stören oder Sie unter Leistungsdruck setzen könnte. Lassen Sie sich nicht dadurch entmutigen, daß man selbst Ihre Nachfolger heute nicht mehr braucht. Blicken Sie nicht traurig in die Vergangenheit. Daß Sie niemand mehr braucht, gibt Ihnen viel Zeit und Gelegenheit, Ihre Kreativität zur Entfaltung zu bringen. Finanziell haben Sie durch ordentliche Ruhegelder längst ausgesorgt. Aber: Geld allein macht nicht glücklich. Man muß auch Telekom-Aktien besitzen.

Schütze (... z. B. Peter Hintze – 25. November)
Seien Sie nicht nachtragend, und bemühen Sie sich, in Ihren Gegnern auch die guten Seiten zu sehen. Auch wenn's einem manchmal schwerfällt: Nötig ist ein bißchen mehr geistige Beweglichkeit.

Steinbock (... z. B. Konrad Adenauer – 5. Januar)
Die Sterne raten Ihnen: Ärgern Sie sich nicht über Ihre Enkel. Wenn sie heute ungezogen und frech sind, so werden sie Ihnen eines Tages doch dankbar dafür sein und es zu würdigen wissen, daß sie alles Ihnen zu verdanken haben.

Wassermann (... z. B. Claudia Nolte – 7. Februar)
Achten Sie darauf, daß Ihr jugendlicher Elan nicht als Leichtsinn verstanden wird. Hören Sie hin und wieder auf den Rat der Alten. Ihr Privatleben leidet unter Ihrem Beruf. Nehmen Sie sich wieder mehr Zeit zum Kuscheln. Und denken Sie immer daran, daß eine moderne Frau nicht nur kochen und bügeln muß. Auch die Fenster müssen schließlich geputzt werden!

Fisch (... z. B. Friedrich Bohl – 6. März)

Ihr Chef ist durch den Neumond mal wieder sehr gereizt. Sie sollten die Samthandschuhe immer griffbereit haben. Die kosmischen Zeichen haben einen guten Rat für Sie. Saturn sagt: Es wird höchste Zeit, Ihren Aberglauben abzulegen. Hören Sie um Himmels willen endlich auf, diese albernen Horoskope zu lesen!

Die Weisheiten des KonCDUzius

Journalisten fragen –
Politiker weichen aus

Der gute Christ geht einmal pro Woche in die Kirche. Der gute Journalist geht einmal pro Woche zur CDU-Pressekonferenz. Dort gibt es ähnliche Rituale wie beim Gottesdienst. Und das heilige Geschehen auf dem Podium ist – zumindest sprachlich – manchmal durchaus vergleichbar mit einem lateinischen Hochamt. Besuchen wir einmal eine Pressekonferenz, bei der alle CDU-Spitzenpolitiker vor der Presse Stellung zur Lage der Nation nehmen.

Generalsekretär Hintze: „Meine Damen und Herren, ich freue mich, daß Sie so zahlreich erschienen sind. Haben Sie irgendwelche Fragen?"

Journalist: *„Eine Frage an den Herrn Bundeskanzler: Die Arbeitslosenquote hat eine neue Rekordmarke erreicht. Was gedenkt die Bundesregierung dagegen zu unternehmen?"*

Kohl: „Der untrennbare Zusammenhang zwischen Wirtschaft und Sozialordnung erweist sich vor allem bei dem Bestreben, möglichst vielen Menschen Arbeit zu ermöglichen. Arbeit ist die Grundlage individueller und gesellschaftlicher Existenz, damit ein wesentlicher Bestandteil des menschlichen Lebens und Möglichkeit der personalen Entfaltung. Deshalb streben wir Vollbeschäftigung an. Sie ist ein wirtschafts- und gesellschaftspolitisches Ziel, dem der Staat durch Schaffung geeigneter Rahmenbedingungen und die Tarifpartner in besonderer Verantwortung verpflichtet sind.

Journalist: „Was gedenken Sie denn konkret zu tun?"

Kohl: „Strukturwandel und Arbeitsmarktpolitik gehen Hand in Hand. Eine erfolgsorientierte Arbeitsmarktpolitik ist dezentral und flexibel. Sie verlangt eine ständige Koordination der eingesetzten Instrumente."

Journalist: „Was bedeutet das?"

Kohl: „Bei allen arbeitsmarktpolitischen Maßnahmen muß das Ziel verfolgt werden, einer möglichst großen Zahl von Arbeitslosen eine Beschäftigungsmöglichkeit zu geben. Ich glaube, damit habe ich Ihre Frage ausreichend beantwortet. Gibt es noch Fragen zu anderen Themen?"

Journalist: „Unser Land steckt steuerpolitisch in der Krise. Der Haushalt weist Milliardenlöcher auf. Herr Schäuble, wie ist das Konzept Ihrer Partei?"

Schäuble: „Die Rahmenbedingungen der Finanzpolitik haben sich durch den Aufbau der neuen Bundesländer für eine längere Übergangszeit stark verändert. Der Abbau der Staatsquote bei konsolidierten Staatshaushalten ist die Meßlatte aller finanzpolitischen Entscheidungen."

Journalist: „Wie bitte?"

Kohl: „Lassen Sie mich konkret werden: Erforderlich sind Strukturveränderungen und Umschichtungen, Ausgabenverminderungen und Effizienzsteigerungen. Indem wir deregulieren, entbürokratisieren und privatisieren, wollen wir erreichen, daß öffentliche Ausgaben effizienter und kostengünstiger wahrgenommen werden."

Journalist: „Eine Frage an den Verteidigungsminister: Herr Rühe, immer wieder wird über die Rolle der Bundeswehr diskutiert, ihre Verkleinerung und teilweise sogar ihre Abschaffung gefordert. Bleiben Sie bei Ihrem Standpunkt dazu?"

Rühe: „Wir sind uns des hohen Beitrages bewußt, den unsere Bundeswehr zum Erhalt des Friedens und der Freiheit leistet. Die Bundeswehr trägt entscheidend dazu bei, die politische Handlungs- und Bündnisfähigkeit Deutschlands zu erhalten. Es ist Bürgerpflicht, für Freiheit und Sicherheit einzutreten. Als Bürger in Uniform verdienen die Soldaten der Bundeswehr unsere volle Unterstützung."

Journalist: „Und die Rolle der Bundeswehr in der NATO? Wie stehen Sie dazu?"

Rühe: „Bei der Wahrung von Sicherheit und Frieden in und für Europa bleiben wir auch in Zukunft auf die Partnerschaft mit unseren nordamerikanischen Verbündeten und deren militärischer Präsenz in Europa angewiesen. Die Verteidigung der Mitgliedsstaaten der NATO bleibt auch in Zukunft der primäre politische und militärische Zweck des Bündnisses. Die NATO muß durch kollektives Krisenmanagement dazu beitragen, Krisen und Konflikte zu verhüten und zu lösen."

Journalist: „Ich möchte eine Frage zu einem weiteren Brennpunkt der öffentlichen Diskussion stellen. Herr

Blüm, Stichwort Rente. Ist denn die Rente immer noch sicher?"

Blüm: „Lassen Sie mich dazu etwas Grundsätzliches sagen: Unser Rentenversicherungssystem beruht auf der Solidarität zwischen den Generationen. Um den Mehrgenerationenvertrag zu sichern, treten wir für eine familienfreundliche Gesellschaft und familienfreundliche Maßnahmen, insbesondere im Steuer- und Sozialversicherungsrecht, ein. Voraussetzung für eine verläßliche Altersversorgung sind eine erfolgreiche Wirtschaftspolitik, ein hoher Beschäftigungsstand und eine leistungs- und sachgerechte Ausgestaltung der gesetzlichen Rentenversicherung."

Journalist: „Was wollen Sie sonst noch für die ältere Generation tun?"

Nolte: „Lassen Sie mich als Seniorenministerin darauf antworten. In der Lebensperspektive des einzelnen und im Bewußtsein der Gesellschaft gewinnt die dritte Lebensphase zunehmende Bedeutung. Wir setzen uns dafür ein, daß die Rahmenbedingungen für ein eigenverantwortliches Leben und Handeln der älteren Menschen verbessert werden; wir verstehen die moderne Seniorenpolitik als eine Querschnittsaufgabe, die frühzeitig in andere gesellschafts-, wirtschafts-, sozial-, familien-, kultur- und bildungspolitische Felder eingreift."

Journalist: „Herr Verkehrsminister Wissmann, könnten Sie in knappen Worten Ihre Planungen in der Verkehrspolitik umreißen?"

Wissmann: „Die Verkehrspolitik hat entscheidenden Einfluß auf die Lebensqualität der Menschen und ihre

Mobilität, auf die Belastungen von Natur und Umwelt, auf die Leistungs- und Wettbewerbsfähigkeit der Wirtschaft. Eine effiziente Verkehrspolitik ist deshalb für die Wettbewerbsfähigkeit des Wirtschaftsstandortes Deutschland von größter Bedeutung."

Journalist: „Ich hätte eine Frage an Herrn Borchert. Man munkelt, Sie hätten als Landwirtschaftsminister einige brisante Vorschläge in der Schublade. Können Sie uns da Näheres erläutern?"

Borchert: „Gerne. Die Landwirtschaft hat auch in Zukunft die primäre Aufgabe, gesunde und hochwertige Nahrungsmittel umweltverträglich zu erzeugen. Neue Chancen und Märkte können für die Land- und Forstwirtschaft bei nachwachsenden Rohstoffen, Freizeitangeboten, Direktvermarktungen oder anderen Marktnischen eröffnet werden. Eine unverzichtbare öffentliche Aufgabe erfüllt die Land- und Forstwirtschaft bei der Pflege und Erhaltung unserer Kulturlandschaft."

Ein Reporter springt auf, um diese brisante Neuigkeit sofort telefonisch in die Redaktion durchzugeben.

Merkel: „Hat vielleicht auch jemand eine Frage an mich?"

Betretenes Schweigen. Dann meldet sich schließlich doch ein Reporter.

Journalist: „Eine konkrete Frage mit der Bitte um eine konkrete Antwort, Frau Umweltministerin: Ist unsere Umwelt noch zu retten?"

Merkel: „Wir Christliche Demokraten wollen unseren Beitrag zur Bewahrung der Schöpfung leisten. Im Mittelpunkt steht für uns dabei ein Verständnis von

Schöpfung, das Mensch, Natur und Umwelt als Einheit begreift. Der Mensch ist eingewoben in das Netzwerk der Natur; sein Handeln muß dem Rechnung tragen. Dafür ist es absolut notwendig, unsere Prinzipien um ein neues zu ergänzen: das Prinzip der Gesamtvernetzung – die Rückbindung all unseres Handelns und Wirkens in das tragende Netzwerk der Natur. Bewahren heißt für uns Gestalten, damit die Zusammenhänge und Wechselseitigkeiten im Netzwerk von Mensch, Natur und Umwelt erhalten werden."

Die Journalisten schweigen ehrfürchtig und lassen die weisen Worte im Saal verklingen. Dem hat niemand mehr etwas hinzuzufügen. Die Pressekonferenz ist beendet.

(Anmerkung: Keine der den CDU-Politikern in den Mund gelegten Aussagen ist erfunden! Es handelt sich um wörtliche Zitate aus dem aktuellen Grundsatzprogramm „Freiheit in Verantwortung" der CDU.)

Achtung, Sendung: CDU-TV

Neues im schwarzen Kanal

Es war eine Idee von Leo Kirch. Nachdem der Medienmogul mit Hilfe seiner Freunde in der CDU seinen Abo-TV-Kanal eingeführt hatte, gab es im digitalen Pay-TV plötzlich Hunderte von Kanälen, die mit Programmen zu füllen waren. Auf einmal gab es neben Dutzenden Sport- und Pornosendern auch ausgefallenere Programme wie „Dialyse-Patienten-TV", „Der Häkel-Kanal" oder „Deutsches Briefmarken-Fernsehen". Aber immer noch gab es zu viele freie Kanäle. Und nachdem es für jede Art von Musik, Unterhaltung und Spielshow die verschiedensten Fernsehsendungen gab, kam Leo Kirch auf die Idee, wieder das einzuführen, was in den ersten 50 Jahren nach Erfindung des Fernsehens an der Tages(schau)-ordnung gewesen war: Politik im deutschen Fernsehen. Natürlich keine langweiligen Parlamentsdebatten. Nein, den Spartenprogrammen gehört die Zukunft. Also dauerte es nicht lange, bis jeder mit der cdu-box den neuen Kanal empfangen konnte – CDU-TV:

CDU-Fernsehlotterie
Aktion Sorgenkasse – Die Lotterie zugunsten der Krankenkassen in den neuen Ländern

Hannelore am Mittag
Die intime Talkrunde: Der Bundeskanzler zu Gast bei Hannelore Kohl

Tatort: Ein Kanthersieg
Hauptkommissar Manfred Kanther ermittelt wieder erfolgreich gegen das Organisierte Verbrechen

Liebling Stoltenberg
Serie über die Tücken im Alltag eines Ex-Ministers

Explosiv – Das Action-Magazin von der Hardthöhe
Volker Rühe präsentiert die neueste Waffentechnik der NATO

Gute Zeiten – Schlechte Zeiten
Reportage über 15 Jahre Regierungskoalition

Ehen vor Gericht
Reportage über das Ende einer Regierungskoalition

Live aus Nürnberg: Ziehung der Arbeitslosenzahlen
Mit Norbert Blüm und Bernhard Jagoda

Telekolleg Englisch
Folge 1: *„My name is Helmut. I am the CDU-Forsitter."*

Telekolleg Englisch
Folge 2: *„My name is Helmut. And you can say you to me."*

Glücksrad
Spannende Gameshow mit Kabinettsumbildung

Mona Lisa – Die Sendung mit der Maus
Claudia Nolte moderiert das Magazin für die emanzipierte Frau

Ein Fall für zwei
Kommissar Rexrodt und Inspektor Theo dem Wirtschaftswachstum auf der Spur
Wirtschafts-Koalitionskrimi – Eine Ko(alitions)-Produktion von CSU und FDP

Der siebte Sinn
Verkehrserziehung mit Matthias Wissmann

Der Preis ist heiß
Zuschauer bestimmen per Telefon die Steuererhöhung

Grüß Gott, Herr Pfarrer
TV-Serie mit Peter Hintze und Rainer Eppelmann – in einer Gastrolle: Jürgen Fliege

Greenpeace TV
Das beliebte Umweltmagazin mit Angela Merkel und Klaus Töpfer

Verbotene Liebe
Science-Fiction-Serie über eine CDU-PDS-Koalition, Folge 2 510

Verbotene Liebe
Diesmal: Edmund Stoiber und Gerhard Schröder dürfen sich nur heimlich treffen. Welche neuen gemeinsamen Intrigen planen sie gegen Helmut Kohl?

Verstehen Sie Spaß?
Rückblick auf Wahlversprechen aus dem Jahr 1994

Der Alte
Was Sie schon immer über Konrad Adenauer wissen wollten

1, 2 oder 3
Ratespiel: Um wieviel Punkte wird die Mehrwertsteuer erhöht?

Sekt oder Seiters
Szene-Magazin mit einem Ex-Innenminister

Top Gun
Werbefilm des Bundesverteidigungsministeriums für den Eurofighter

Rudis Tagesshow
Realsatire: Ein Tag im Leben eines SPD-Fraktions-
führers

Sesamstraße
Heute live aus dem Kanzleramt

Derrick
Folge 935: „Nobbi, fahr schon mal das Rentensystem
vor die Wand!"

Akte K.
Hannelore packt endlich aus

Vorsicht Falle!
Nepper, Schlepper, Wählerfänger: Vertrauen Sie niemandem Ihre Brieftasche an. Er könnte für den Finanzminister arbeiten ... Leider kein Einzelfall!

Telebörse
DAX rauf, Theo kassiert mit, Stimmung runter

Nobbi, fahr den Wagen vor!

Ein Fall für Helmut Derrick und Nobbi Klein

Lang wurde spekuliert: Wer tritt die Nachfolge an, wenn Oberinspektor Derrick seine Dienstmarke endgültig abgibt? Die öffentliche Stellenausschreibung des Leiters der Münchner Mordkommission und seines Assistenten hatte zahlreiche Bewerbungen zur Folge: Weder Siegfried und Roy noch Paola und Kurt Felix durften auf Spurensuche gehen. Beim Casting erschien aber auch ein Erfolgsduo aus Bonn: Helmut Derrick und Nobbi Klein sollen künftig für Einschaltquoten sorgen. Hier schon ein kleiner Auszug aus dem Drehbuch.

(Oberinspektor Helmut Derrick und sein Assistent Nobbi Klein sitzen in ihrem spartanisch eingerichteten Büro. Derrick scheint die Kaffeetasse zu hypnotisieren. Nobbi himmelt seinen Chef an.)

Helmut: Hast du den Wagen schon vorgefahren?

Nobbi: Ja, Stephan.

Helmut: Aber ich heiß' doch nicht Stephan. Ich bin doch Oberinspektor Helmut.

Nobbi: Schulligung, das ist in meinem Drehbuch noch nicht geändert. Also: Ja, Helmut.

Helmut: Ich glaube, wir haben einen Fall aufzuklären.

Nobbi: Meinst du wirklich, Helmut?

Helmut: Wenn ich's doch sage! Es geht um den mysteriösen Fall der verschwundenen Millionen aus der Steuerkasse. Sie sind weg, spurlos verschwunden.

Nobbi: Ein schwieriger Fall. Was sollen wir tun? Ist das nicht eher etwas für das Dezernat von Inspektor Solms? Der kennt sich mit unerwarteten Millionenverlusten doch besser aus, oder?

Helmut: Laß mich kurz nachdenken.

(42 Sekunden Stille.)

Helmut: Wir sollten jemanden verhören.

Nobbi: Gute Idee, Helmut. Jetzt brauchen wir nur noch einen Verdächtigen.

Helmut: Ich habe schon jemanden im Auge ...

(Spannende Musik untermalt die Autofahrt der Kriminalbeamten zur Wohnung des Verdächtigen.)

Helmut: Wir sind da. Hier wohnt er: Theo der Panzerknacker.

(Helmut klingelt an der Tür. Sie wird geöffnet von einer finster dreinblickenden Gestalt, der man sofort ansieht, daß sie sich mit einem Augenbrauen-Toupet getarnt hat.)

Helmut: Einlaß! Im Namen des Gesetzes. Wir sind von der Polizei. Sind Sie Theo, der Panzerknacker?

Theo: Nein, ich bin Theo, der Finanzminister.

Helmut: Er sagt, er sei nicht Theo, der Panzerknacker.

Nobbi: Was sagt er denn, wer er ist, Helmut?

Helmut: Er sagt, er sei Theo, der Finanzminister.

Nobbi: Kann nicht ein Finanzminister auch ein Panzerknacker sein, Helmut?

Helmut: Vielleicht hast du recht, Nobbi. Vielleicht ist er Theo, der Finanzminister und Panzerknacker. (Zu Theo): Sie sind verhaftet.

Theo: Aber Moment mal ...

Nobbi (leise zu Helmut): Glaubst du wirklich, daß er der Täter ist? Wir haben doch gar keinen Beweis.

Helmut (leise zu Nobbi): Sei still, hast du jemals eine Derrick-Folge gesehen, die logisch aufgeklärt wurde? (Laut zu Theo): Gestehen Sie: Wo sind die Millionen?

Theo: Ich weiß nicht, wovon Sie sprechen. Ich bin ein unbescholtener Finanzminister.

Helmut: Und was ist das hier?

(Oberinspektor Helmut Derrick zieht dem Verdächtigen ein Blatt Papier aus der Brusttasche und liest:)

Helmut: Steuergeschenk – Hiermit erkläre ich mit sofortiger Wirkung die Abschaffung des Solidaritätszuschlages. Die Finanzierung übernehme ich aus meinem Privatvermögen. Als Dankeschön bitte ich alle Bürger bei der nächsten Wahl um ihre Stimme.

Nobbi: Das ist der Beweis.

Helmut: Sie haben unsere Parteikasse geplündert, um den Bürgern ein Steuergeschenk zu machen und sich so Ihre Wiederwahl zu erschleichen. Ein besonders hinterhältiges Vergehen in unserer heutigen Verbrechensgesellschaft. Nobbi, fahr schon mal den Wagen vor! Es ist Zeit für uns zu gehen. (Nachdenklich:) Manchmal hasse ich meinen Beruf.

Nobbi: Ich auch. (Schlußmusik. Abspann.)

Der Gesinnungstest

Ihr persönliches Politbarometer

Wie alle großen Parteien hat die CDU einen Mitgliederzuwachs, den sie kaum noch bewältigen kann. Damit aber nur noch die Besten der Besten in den Genuß einer Parteimitgliedschaft kommen, gibt es neuerdings einen Gesinnungstest, einen Numerus Clausus der Union (NCDU). Testen Sie sich selbst, und kreuzen Sie die richtigen Antworten an!

Wer war der beste CDU-Politiker?
c) Konrad Adenauer
d) Günther Krause
u) Helmut Schmidt

Was ist Ihre Lieblingsfarbe?
c) Schwarz-Rot-Gold
d) Rot-Grün
u) Schwarz-Blau-Gelb

Wie heißt die Schwesterpartei der CDU?
c) PDS
d) BDI
u) AOK

Nennen Sie die größte historische Leistung der CDU!
c) Rentenreform
d) Steuerreform
u) Rechtschreibreform

Was tun Sie, wenn Ihnen ein Kommunist begegnet?
c) Enteignen
d) „Gehnsedochrüber" sagen
u) Eine Rote-Socken-Kampagne starten

Norbert Blüm ist für mich ...
c) der größte Sozialpolitiker aller Zeiten
d) der kleinste Sozialpolitiker aller Zeiten
u) das beste Werbemodel für Fielmann aller Zeiten

Volker Rühe ist für mich ...
c) eine große Führerpersönlichkeit
d) der Boß einer starken Truppe
u) ein Mann für alle (Einzel-)Fälle

Helmut Schmidt ist für mich ...
c) in der falschen Partei
d) in der falschen Partei
u) in der falschen Partei

Günther Krause ist für mich ...
c) der erfolgreichste Finanzmakler aller Zeiten
d) nach Möllemann der beste Politkomiker
u) wer zum Teufel ist Günther Krause?

Auflösung:

Um Ihre Punktzahl zu errechnen, zählen Sie, welchen Buchstaben Sie am häufigsten angekreuzt haben. Das Ergebnis multiplizieren Sie mit der Zahl der Direktmandate der CDU im Bundestag und teilen es durch die Zahl der Jahre, die Helmut Kohl als Kanzler amtiert. Wenn Sie nun den Anteil der Wählerstimmen der CDU bei der nächsten Wahl hinzurechnen, haben Sie Ihren Gesinnungsquotienten.

Weniger als 0 Punkte:
Guten Tag, Herr Scharping.

0 bis 32 Punkte:
Sie haben keine Ahnung, dafür ein Brett vor dem Kopf. Wenn Sie den Mund aufmachen, kommt nur heiße Luft heraus. Stellen Sie einen Mitgliedsantrag bei den Grünen!

33 bis 45 Punkte:
Sie haben sich redliche Mühe gegeben. Doch das ist nicht genug. Sie sind auf dem besten Wege, eine Karteileiche zu werden. Hinterbänkler gibt's genug. Denken Sie noch mal darüber nach, ob die Politik wirklich das richtige für Sie ist.

46 bis 58 Punkte:
Sie haben bei diesem Test mehr Punkte als in Flensburg: Damit können Sie zufrieden sein. Wenn Sie genug Ausdauer haben und sich zum Plakatekleben nicht zu schade sind, kann aus Ihrer Parteikarriere noch etwas werden.

59 bis 9 999 Punkte:
Ihr Gesinnungsquotient übersteigt Ihren Intelligenzquotienten. Damit sind Sie für unsere Partei nicht tragbar. Wo kämen wir hin, wenn jedes einfache Mitglied intelligenter wäre als der Parteivorsitzende!

Ehekrach im
Hause Hintze

„Peter, du hast schon wieder nicht den Müll runter-
gebracht!"

„Ich werde diese Aussage weder bestätigen noch dementieren."

„Aber der Mülleimer steht hier doch. Da gibt es nichts
zu dementieren."

„Die Tatsache, daß hier ein Mülleimer steht, ist fak-
tisch sicherlich zutreffend. Ich lehne es jedoch ab, daraus wertende Schlußfolgerungen zu ziehen."

„Peter, ich hatte dich doch darum gebeten, den Müll
wegzubringen, oder nicht?"

„In der Tat ist das Entsorgungsproblem in unserem
Haushalt ein Thema, das zu Recht zur Sprache gebracht
wurde. Du hast damit ein Problembewußtsein gezeigt,
das zugleich von einem überdurchschnittlichen ökologi-
schen Verständnis zeugt. Das begrüße ich ausdrücklich."

„Ich würde es aber ausdrücklich begrüßen, wenn dieser verdammte Mülleimer endlich geleert würde!"

„Ich werde diese Forderung politisch ausdrücklich in
allen zuständigen Gremien unterstützen. Jedoch sollten

wir wohlüberlegt handeln und keine überstürzten Lösungen suchen. Wir sollten eine Expertenkommission bilden, die zur Einschätzung der Lage ein Gutachten erstellt, das gewährleistet ..."

„Peter! Du bist hier nicht im Parlament! Das hier ist unsere Wohnung, ich bin deine Frau, und das ist ein Mülleimer!"

„Schatz, du hast vollkommen recht. Ich habe das Problem in der Vergangenheit nicht ernst genug genommen. Es ist an der Zeit, einen Umdenkungsprozeß einzuleiten. Ich werde sofort, jetzt auf der Stelle ..."

„... den Müll wegbringen?"

„... ein Thesenpapier entwerfen lassen, um die Pro- und Contra-Argumente gegenüberzustellen und abzuwägen. Und ich bin sicher: Danach werden wir eine Lösung finden, die alle Seiten zufriedenstellen wird."

„Da bin ich mir nicht so sicher."

„Wir sollten jede ideologische Verblendung ablegen und uns vorurteilsfrei an einen Tisch setzen, um die Thematik sachlich anzugehen."

„Peter, das ist ja nicht mehr auszuhalten! Kannst du denn niemals dein Politiker-Phrasen-Gedresche ablegen und wie ein vernünftiger Mensch reden?"

„Vernunft ist eine Tugend, die wir auch in der Politik jeden Tag aufs neue unter Beweis stellen müssen."

„Peter ... ähm, Herr Generalsekretär?"

„Ja?"

„Hiermit erkläre ich meinen Rücktritt von unserer Ehe und unsere Koalition für beendet."

„Bevor wir zu überstürzten Reaktionen kommen, sollten wir in sachliche Verhandlungen eintreten. Nur dann werden wir unsere in den vergangenen Jahren erfolgreiche Zusammenarbeit fortsetzen, um auch in Zukunft ... Aber Schatz, wohin gehst du denn? Gehst du weg? Gehst du etwa nach unten? Dann nimm doch gleich den Müll mit."

Das geheime Tagebuch des Parteivorsitzenden

Montag:
Nur lästiger Routinekram. Zwölf Autogrammkarten verschickt. Farbe für den Unterschriftenstempel muß aufgefüllt werden. Morgen Hannelore Bescheid sagen. Abends Gipfeltreffen mit Clinton vorbereitet: Englische Übersetzung von „Wie geht es dir, mein Freund Bill?" auf ein Kärtchen geschrieben, das ich im Ärmel verstekken werde. In der Zeitung stehen wieder neue Bundeswehrskandale. Die Jungs sollen Nazi-Parolen gegrölt haben. Warum sagt denen denn keiner, daß man so was nicht tut. Muß mal mit Volker darüber sprechen. Biedenkopf erklärte in Zeitungsinterview, er wäre der bessere Kanzler. Biedenkopf nervt.

Dienstag:
Nach dem Frühstück Empfang bei Rita. Habe meinen schönsten blauen Anzug angezogen. Eine Super-Frau, die Rita. Wenn ich die Hannelore nicht hätte ... Hab' versucht, ein bißchen zu flirten. Aber die Fernsehkameras waren dabei. Mußte vorsichtig sein. Werde Rita morgen

in der Bundestagskantine zu einer Bulette einladen. Ist alles rein platonisch. Ich würde meiner Hannelore nie untreu werden. Keiner macht besseren Saumagen als Hannelore.

Clinton-Gipfel verlief reibungslos. Haben ein bißchen über die Russen gelästert. Bill hat mir als Gastgeschenk ein paar Westernstiefel mitgebracht. Ich sollte sie sofort anziehen. Vor laufenden Kameras. Hab' ich gesagt: *„Thank you, Bill. But I am the Kanzler and not a Kasper from the Wilden Westen."* Ist doch albern! Ich verlang' ja auch nicht, daß er eine Lederhose anzieht. Gut, daß der Volker dabei war. Der konnte mir übersetzen, was der Bill alles erzählt hat. Hab' kein Wort verstanden, immer mit dem Kopf genickt und *„Well, well"* gesagt. Hab' mit dem Volker noch über seine Truppe gesprochen. Er sagt, das sind alles nur Einzelfälle. Na dann ist ja alles in Butter.

Biedenkopf kündigte an, er werde im Bundesrat gegen unsere Rentenreform stimmen. Biedenkopf nervt.

Mittwoch:

Fraktionssitzung. Hat mal wieder viel zu lange gedauert. Hatte nur ein Kreuzworträtsel dabei. Schäuble hat die ganze Fraktion mit neuen Vorschlägen zur Steuerreform überrollt. Hahaha. Das ist ein lustiges Wortspiel. Schade, daß ich das nicht mal öffentlich machen kann. Aber ich will den Wolfgang ja nicht ärgern. Den brauch' ich nämlich später noch. Viel lieber würd' ich mal den Biedenkopf ärgern. Der nervt nämlich.

Donnerstag:

Rita hat mich während der Bundestagssitzung ermahnt, nicht dazwischenzureden. Das hat mir gefallen, wie sie so streng geguckt hat. Ob sie auch privat streng sein kann? Hannelore ist nie streng zu mir. Sie sagt immer nur: „Ja, Helmut, du bist der Größte. Du bist der Beste! Du bist der Kanzler der Einheit! Ich liebe dich, du Kanzler aller Deutschen." Streicheleinheiten tun mir ja sehr gut, besonders wenn meine eigenen Parteifreunde mal wieder auf mir herumhacken. Biedenkopf hat heute erklärt, ich solle den Platz des Parteichefs freimachen. Er will sich bestimmt selbst draufsetzen. Dabei soll der erstmal seinen eigenen Laden in Thüringen in Ordnung bringen. Ach ne, war ja gar nicht Thüringen. Sachsen-Anhalt? Brandenburg? Egal. Jedenfalls nervt der mich. Geißler nervt mich übrigens auch.

Freitag:

Rita ist ins Wochenende geflogen, ohne sich zu verabschieden. Mit der Luftwaffe natürlich. Hab' ich ihr erlaubt. Wenn sie mich weiter ignoriert, werde ich der Presse mal eine Liste zuspielen, wie oft sie mit den Bundeswehr-Jets ihre Tochter in der Schweiz besucht. Hahaha, das wird ein Spaß. Neuer Bundeswehrskandal. Jetzt filmen die Deppen ihre Nazi-Sketche auch noch auf Video. Hab' dem Volker gesagt, er soll das verbieten. Sonst schaffe ich die Bundeswehr ab. Abends „Derrick" gesehen. Mein großes Vorbild. Ich will auch so lange im Amt bleiben wie Derrick. Danach Fernsehinterview im „Bericht aus Bonn". War so ein junger arroganter Reporter-Schnösel. Dem Anfänger hab' ich's aber gezeigt. Keine einzige Frage hab' ich ihm beantwortet. Habe immer was von Zukunft, Optimismus und Aufschwung erzählt und ihn mit vielen Fremdwörtern verwirrt. Der hat kein Wort kapiert. Hahaha. Das war lustig. Nachher kam ein Interview mit Biedenkopf. Der hat 28 Sekunden mehr Sendezeit gekriegt als ich. Biedenkopf nervt.

Samstag:

Endlich mal ausgeschlafen. Erster Termin um zwölf Uhr: Mittagessen mit ostfriesischen Kreisvorsitzenden. Die wollten lieber Seelachs als Saumagen. War aber sonst ganz nett. Mußte wieder alle Autogrammkarten verteilen. Hannelore hat die Stempelfarbe noch nicht aufgefüllt. Abends Auftritt bei „Wetten daß". Dieser Thomas Gottschalk ist ja ein alberner Affe. Als ich meine Wette verloren habe, sollte ich als Wetteinsatz mit Bud Spencer und Pavarotti im Duett singen: „Wir sind stolz auf jedes Gramm, taramtamtam." Biedenkopf war auch in der Sendung zu Gast. Hat immer nur frech gegrinst. Er hat natürlich seine Wette gewonnen. Er nervt immer mehr.

Sonntag:

Zuerst in die Kirche gegangen, Festhochamt im Dom. Der Einzug war imposant: Der Bischof umgeben von Kerzen, Weihrauch und ganz vielen Meßdienern. Und dabei so richtig laute Orgelmusik mit Choralbegleitung. So was hätte ich auch mal gerne. So könnte ich mir einen Einzug der Bundesregierung ins Parlament vorstellen. Die Predigt war langweilig. Aber in der Kirche kann ich nicht wie im Bundestag Kreuzworträtsel lösen. Wäre beinah eingeschlafen. Am Nachmittag, als Hannelore auf dem Kaffeeklatsch war, hab' ich Rita angerufen. Sie war aber nicht zu Hause. Habe ihr auf den Anrufbeantworter gesprochen, ob sie morgen vor der Präsidiumssitzung mit mir Akten studieren möchte. Sie rief später zurück. Hat keine Zeit, weil sie nach Dresden muß. Vorstands-treffen der Frauen-Union. Ob das nur ein Vorwand ist? Wahrscheinlich trifft sie sich mit Biedenkopf, um an meinem Stuhl zu sägen. Biedenkopf nervt. Rita nervt auch.

Gleich geht's weiter – nach der Werbung

Wie jeder Privatsender finanziert sich auch CDU-TV ausschließlich über Werbespots. Nachdem das ursprüngliche Konzept, sich mit Parteienwerbung zu finanzieren, gescheitert war (die CDU-Spots wollte im eigenen Haus niemand bezahlen, und die anderen Parteien konnten als Werbekunden nicht gewonnen werden), entschied man sich bald, auch kommerzielle Werbung zuzulassen. Einige Ausschnitte:

„Hohes C: Der Saft, der Kräfte schafft. Mit den Vitaminen C, D und U."

„Wasser sparen mit C-DUsch2000 – dem Duschgel des 21. Jahrhunderts. Von führenden CDU-Politikern empfohlen. Dazu Uwe Barschel: „Duschen ist besser als baden."

„Nur Fliegen ist schöner! Buchen Sie Ihre nächste Urlaubsreise nur bei Rühe-Airlines. Unsere Luftwaffe fliegt Sie, wohin Sie wollen. Auch am Wochenende. Und ganz ohne Bezahlen. (Nur für Abgeordnete und Minister.)"

„1000 ganz legale Geldspartips: Wie lasse ich mir meine Putzfrau vom Arbeitsamt bezahlen? Diesen und viele andere Tips im Sammelband von Günther Krause.
Band 2 („Mein Dienstwagen und ich") von Rita Süssmuth ist in Vorbereitung."

„Sie brauchen eine weiße Weste? Sie haben Dreck am Stecken? DEMENTI – der neue Weißmacher. Waschen Sie Ihre Hände nicht in Unschuld! Nehmen Sie DEMENTI-Citrusfrisch."

„Solidarität oder Sohlidarität? Steuerreform oder Stäuerreform? Süssmuth oder Süßmut? Wie muß es nach der Rechtschreibreform richtig heißen? Gehen Sie auf Nummer sicher und schreiben Sie nur noch nach den Regeln des CDUDEN. Massgeplich in allen Zweifelzfellen."

„Kein Job? Arbeitslos? Krach mit dem Chef? Wir helfen Ihnen weiter! Norbert Blüm und seine Freunde in den Arbeitsämtern sind für Sie da! Testen Sie uns und unsere tollen Leistungen. Neues Aktionsangebot: ABM für Einsteiger! Nur jetzt! Bei Ihrem Arbeitsamt!"

Die Parteitagsrede

Einmal im Jahr kommt die große CDU-Familie zusammen. Es gibt lecker Essen. Man kriegt viele Broschüren und Zettel in die Hand gedrückt. Man stimmt ab, diskutiert, vertagt, klatscht und jubelt den großen Stars zu: Parteitag ist angesagt. Der Höhepunkt eines jeden Parteitages heißt „Grundsatzrede". Sie muß wegweisend und brillant zugleich sein. Es gibt nur einen, dem es immer wieder gelingt, in wenigen Worten ein ganzes Parteiprogramm darzulegen. Seit einem Vierteljahrhundert darf Helmut Kohl als Parteichef auf jedem CDU-Parteitag die Grundsatzrede halten. Folgende Rede hielt er (so oder so ähnlich oder auch ganz anders) im Jahr 1997. Oder war es 1996? Oder 1984? Oder 1975 ...? Oder war es gar nicht Helmut Kohl, sondern der CDU-Kreisvorsitzende von Gummersbach oder der Wahlkreisabgeordnete von Paderborn? Man weiß es nicht, aber ist ja auch egal ...

„Meine lieben Parteifreunde! Wir sind heute hier, um stolz auf das zurückzuschauen, was wir geleistet haben.

85

Und darauf können wir stolz sein. Gemeinsam haben wir zugepackt. Und gemeinsam sind wir ein Stück weiter fortgeschritten auf dem Weg zu dem Ziel, für das wir uns alle jeden Tag aufs neue engagieren – viele von uns ehrenamtlich, nach Feierabend, in unserer Freizeit. Immer wieder haben viele von uns, während die anderen sich bequem zurücklehnen und die Errungenschaften unserer Politik, durch die wir so vieles erreicht haben, meine Damen und Herren, mit Einsatz und Zuversicht, ohne uns von denen entmutigen zu lassen, die uns immer wieder mit Böswilligkeit mit ihrer Kritik anzugreifen. Und wenn wir uns anschauen, wie es in unserem Vaterland aussieht, dann sehen wir ganz deutlich, daß eine Lösung des Problems unter Berücksichtigung aller Gesichtspunkte, die immer wieder gerne außer acht gelassen werden, um die politische Diskussion nicht nur heute, sondern auch morgen und in Zukunft, meine Damen und Herren. Die Zukunft liegt vor uns, und – meine Damen und Herren, auch wenn es Sie überraschen mag: Die Vergangenheit liegt hinter uns. Für die Zukunft wünschen wir uns Freiheit, Frieden, Wohlstand und Sicherheit. Frieden in Freiheit, Wohlstand in Sicherheit, Freiheit in Sicherheit, Sicherheit in Wohlstand und Wohlstand in Frieden. Und wenn wir dies alles für unsere Zukunft bewahren wollen, den Frieden, die Freiheit, den Wohlstand, die Freiheit und die Sicherheit, dann haben wir dies als Herausforderung zu verstehen. Lassen Sie mich das in aller Deutlichkeit sagen: Entscheidend ist, was hinten rauskommt, meine Damen und Herren. Und ich sage Ihnen noch einmal, hier und heute, an dieser Stelle:

Wenn die Roten an die Macht kommen, dann ist es vorbei mit Frieden, Freiheit, Wohlstand ... und so weiter. Denn die Roten, die bringen den Sozialismus. Und allen, die lieber Sozialismus statt Freiheit, Frieden, Wohlstand und ... ähm ... ach ja: Sicherheit haben wollen, denen sage ich klar und deutlich: Dann gehen Sie doch rüber, meine Damen und Herren! Ja, rüber in die Ostzone, oder wie sagt man heute: nach Mecklenburg-Vorderpommern. Meine Damen und Herren, lassen Sie mich auf das zurückkommen, wofür unsere Partei seit mehr als 50 Jahren eintritt, auf die Werte, für die unsere Väter und Großväter schon gekämpft haben und die wir heute verteidigen müssen. Lassen Sie mich zurückkommen auf die bekannten, bereits erwähnten Werte. Ja, ich nehme das Wort in den Mund, und in keiner Weise, um nicht zu sagen: in keinster Weise müssen wir uns von denen etwas sagen lassen, die unsere Werte, die unsere Großväter schon ... die unsere Werte mit Füßen treten, meine Damen und Herren. Und das gilt für den kleinen Mann auf der Straße genauso wie für unsere lieben Mitbürgerinnen und Mitbürger in den Seniorenheimen, unsere Freunde und Staatsbürger in Uniform bei der Bundeswehr, unsere Freunde im Polizeidienst, das gilt für Arbeitnehmer und Arbeitgeber, für Rentner und Studenten: Die CDU ist die Partei der Freiheit, der Sicherheit, des Friedens und des Wohlstandes. Wer die Rotfront wählt, der erteilt dem eine Absage, wofür wir kämpfen und wofür unsere Enkel uns eines Tages dankbar sein werden: Frieden, Freiheit, Sicherheit und Wohlstand. Ich danke Ihnen, meine Damen und Herren."

Epilog im Himmel

Das Buch soll dort schließen, wo es auch begonnen hat, an einem für eine christliche Partei passenden Ort: im Himmel. Mehr als 30 Jahre lang war Konrad Adenauer hier nun schon Einwohner. Die ersten 20 Jahre waren für ihn recht angenehm gewesen. Er hatte in der Hierarchie nur noch einen über sich gehabt, an dessen Stuhl er auch nie zu sägen gewagt hätte. Doch vor zehn Jahren (irdischer Zeitrechnung versteht sich) hatte er in den himmlischen Sphären einen Konkurrenten bekommen. Seitdem Franz Josef Strauß hinzugestoßen war, gab es keine Langeweile mehr, auch wenn Ludwig Erhard immer wieder versuchte, vermittelnd einzugreifen. Immerhin hatte er es geschafft, Petrus von der *sozialen himmlischen Marktwirtschaft* zu überzeugen, so daß neuerdings der Zugang ins Himmelreich durch Angebot und Nachfrage geregelt wurde und eine *himmlische Kartellbehörde* ein wachsames Auge auf das göttliche Geschehen hatte. (Die Kartellbehörde stieß jedoch an ihre Grenzen, als sie die Abschaffung des Oligopols von Vater, Sohn und Heiligem Geist forderte und die drei durch einen demokratisch gewählten himmlischen Aufsichtsrat ersetzen wollte.) Kleine Unstimmigkeiten gab es auch, als Manfred Wörner die himmlischen Heerscharen, die Cherubim und Seraphim, in die NATO eingliedern wollte.

Im Laufe der Jahre wuchs die Schar der CDU-Seelen an. Immer häufiger trafen sie sich: Heinrich Lübke, Kurt Georg Kiesinger und Adenauers Weggefährten der ersten Stunde: Anton Storch, Hans Schuberth, Jakob Kaiser und Hans Lukaschek.

Seit 1989 nahm auch Gerhard Schröder am himmlischen CDU-Stammtisch teil. Auch im Himmel passierte es Adenauers früherem Innenminister immer wieder, daß er mit seinem noch aktiven Namensvetter aus dem irdischen Niedersachsen verwechselt wurde. Auf die Dauer aber kam es in den Vollblutpolitikern aber doch wieder durch: Die Parlamentsdebatten, die Koalitionsrunden, die Wahlkämpfe und die Elefantenrunden – das alles fehlte ihnen im Himmel, wo es ihnen ansonsten viel besser erging als im irdischen Politikerdasein. Und so kam es, wie es kommen mußte. Eines guten Tages (wobei eigentlich im Himmel jeder Tag ein guter Tag war) versammelten sich die CDU-Seelen auf Wolke sieben und verfaßten das Gründungsdokument der CHU – der *Christlich Himmlischen Union*. Adenauer wurde zum Vorsitzenden gewählt, und der liebe Gott wurde Ehrenvorsitzender. (Sie wollten ihn nicht so ohne weiteres übergehen. Schließlich hatten sie sich in ihrem irdischen Leben ständig in ihren Parteiprogrammen auf ihn berufen.)

Das Programm der CHU betonte die freie Entfaltung der Person, die Gleichberechtigung von Mann und Frau, den Wert der Familie, plädierte für Solidarität, Gerechtigkeit, Sicherheit, Frieden und Freiheit und prangerte Umweltverschmutzung, Werteverfall, Krieg und Gewalt an. Alles so, wie sie es in Dutzende Parteiprogramme auf Erden auch geschrieben hatten. Doch dann bemerkte Erhard: „Freiheit, Gerechtigkeit, Frieden ... das haben wir hier doch alles längst!" Die übrigen schauten sich an und mußten zustimmen. „Du hast recht", sagte Adenauer. „Wir sind ja im Himmel. Hier ist alles erreicht, wofür wir auf Erden jahrelang gekämpft haben."

„Aber brauchen wir dann hier oben überhaupt eine Partei?" fragte Kiesinger. „Natürlich", mischte sich Franz Josef Strauß ein, der als CSU-Mann seine Seelenverwandtschaft mit der CHU nicht leugnen konnte. „Wir brauchen eine Partei, um die Opposition zu bekämpfen: die Linken, die Sozis, die Kommunisten und die Grünen!" Zunächst herrschte allgemeine Zustimmung. Doch dann blickte Adenauer sich um und fragte: „Einen Moment! Eine Opposition werden wir hier auch nicht bekämpfen müssen. Oder hat jemand von euch schon mal einen Linken im Himmel gesehen?"

Stellenmarkt

Man kann ja nie wissen: Sollte mal von heute auf morgen die Führungsriege der CDU kollektiv arbeitslos werden, werden neue Jobs gesucht. Der kluge Mann baut vor: Darum liegt in meiner Schublade der CDU-Zentrale schon ein geheimer Stapel Stellengesuche.

```
Dynamischer, aufstrebender Über-
flieger in den besten Jahren, ge-
übt im politischen Nah- und Luft-
kampf, mit Sinn für Zucht, Ordnung
und Disziplin, sucht nach mehrjäh-
riger Tätigkeit als Kronprinz neue
Herausforderung als NATO -General-
sekretär oder Kapitän auf der Al-
ster. Qualifikation: Führerschein
für Pkw, Kampfpanzer und Euro-
fighter.
Chiffre 9873945, Hardthöhe, 53111
Bonn
```

Rüstiger Mittsechziger mit langjähriger Erfahrung in Führungspositionen will noch nicht zum alten Eisen gehören. Erfahrung im Umgang mit schwierigen Kollegen vorhanden. Keine Scheu vor dem Anpacken historischer Probleme der Weltgeschichte, Erfahrungen im Bereich „Fusionen und Geschäftsübernahmen".
Berufliche Qualifikation: 15 Jahre Leiter des Projekts „geistig-moralische Wende", beste Referenzen in Washington, Paris und Moskau. Fremdsprachen: Englisch (Volkshochschule, ohne Abschluß)
Bevorzugte Tätigkeit: Gärtnerei (Vorliebe für blühende Landschaften)
Chiffre 23423423, Bundeskanzlerplatz 1, 53111 Bonn

Berufswahlkämpfer und Profi-Prediger
sucht neue Stelle als General oder
Sekretär. Auch Rückkehr in den
früheren Beruf möglich, da Talar
noch vorhanden. Besondere Fähig-
keiten: Jedes noch so trübe Wasser
wird – wenn auch nicht zu Wein ver-
wandelt – als Champagner verkauft.
Qualifikation: Dipl. pol. (= Diplom
-Polemiker) und Dr. sc. rd. (= Doktor der Schönrederei).
Chiffre 338274, CDU-Generalsekre-
triat, Friedrich-Ebert-Allee 73,
53113 Bonn

Junger Wilder
mit dem Zeug zum Ministerpräsiden-
ten hatte nie die Gelegenheit, seine Talente unter Beweis zu stellen. Ungekündigte Stellung als
Nachwuchspolitiker. Sucht neue
Herausforderung in verantwortungs-
voller Position. Egal wo. Aber am
liebsten in Hannover. Späterer
Wechsel nach Bonn/Berlin er-
wünscht.
Chiffre 633422, CDU-Landesverband
Niedersachsen, Hannover

Erfolgreicher Länderchef
aus dem Ländle, für den es noch
nicht zu Späth ist, sucht Engage-
ment in Kasperletheater als Teufel. Auch Augsburger Puppenkiste
angenehm (Erwin, der Lokomotivfüh-
rer).
Chiffre 937734, Baden-Württember-
gische Staatskanzlei, Stuttgart.

Junges Girlie
mit Haaren, die kürzer sind als der
Rock, will sich selbständig machen
als Schwangerschaftsberaterin oder
Praktikantin im Weißen Haus.
Chiffre 021272, Bundesfamilien-
ministerium, Bonn.

Ehemaliger Bauminister
fühlt sich bei der UNO nicht mehr
wohl und sucht neuen Job als Baum-
Minister oder Leiter eines Töpfer-
kurses. Bevorzugter Einsatzort:
Überall, nur nicht in Nairobi!!!
Chiffre 2545454, UN-Umweltkommis-
sariat, Nairobi.